Hypnose avec les enfants

Christophe Pank

«Les enfants sont des maîtres en éveil»

Sommaire

Introduction :

Dans nos séances quotidiennes de praticien de l'Hypnose, il va y avoir des choix à faire. Nous sommes assez souples pour travailler avec tout type de clients, cependant nous aurons une affection plus particulière vis-à-vis de certains groupes.

Nous pourrons même choisir de nous spécialiser, ce que font déjà nombre de 'thérapeutes' de cette discipline. Vous recevrez très certainement des enfants.

Il y a de plus en plus de parents, satisfaits de l'Hypnose, qui amènent leurs enfants voir un praticien. D'autres ont lu un article sur le net ou dans un magazine mettant en avant cette méthode pour des cas très spécifiques.

Cet ouvrage a pour objectif de vous aider dans votre travail avec ces jeunes êtres qui vont vivre les transes de façons tellement différentes de celles des adultes.

C'est une réflexion que beaucoup de mes élèves ou confrères m'exposent régulièrement. Ils s'interrogent sur le comment faire avec eux qui bougent tellement, qui ont si peu de patience, qui ne connaissent même pas les raisons de leur venue.

Je ne vous ferai pas de protocole, je vous proposerais des pistes que j'utilise lors de mes séances. J'aime beaucoup travailler avec les enfants.

Ils ont cette capacité de changement dans l'instant que très peu d'adultes ont. L'âge rendant, pour beaucoup d'entre nous, nos corps et nos esprits trop inflexibles.

Si vous ne devez garder de ces quelques lignes, qu'un seul fil directeur pour votre séance : Jouer.

1/ La rencontre :

Nous allons recevoir des enfants qui très souvent ne connaissent pas la raison de leur venue. Je demande toujours aux parents de proposer à l'enfant de venir et non de lui imposer.

Je pratique une hypnose dans laquelle nous sommes deux à travailler et l'enfant va être mon équipier durant la séance. Si ce dernier ne le souhaite pas, nous ne pourrons pas faire de bonnes choses.

Vous remarquerez que les parents se déresponsabilisent de cette étape de proposition. C'est d'ailleurs une des premières choses que je demande : que les deux protagonistes arrivent à mon cabinet. Je demande directement à l'enfant s'il connaît la raison de sa venue et s'il est d'accord pour cette rencontre.

Il arrive souvent que l'enfant ne sache pas pourquoi il est là. L'accompagnant intervient en cherchant à convaincre l'enfant qu'ils ont parlé de cela et qu'il était d'accord.

Je n'hésite pas à refuser le client si je vois que réellement il se retrouve dans un guet-apens. J'estime que la première chose à faire est de respecter cet être qui a le droit de savoir et de choisir s'il veut changer.

Je prends en séance des enfants à partir de 7 ans. J'ai fait des séances à des enfants à partir de 4 ans, cependant l'interaction n'est pas simple et le besoin de l'accompagnant est trop important. En effet, à mes yeux une séance se fait en face à face et je ne souhaite qu'aucun parent ne soit là. Pour éviter tout problème, j'enregistre la séance la plupart du temps avec un caméscope, sinon avec un audiophone.

Il est important pour nous de nous préserver de toute problématique possible.

J'ai remarqué de réels changements entre des séances en présence de l'accompagnant et celles durant lesquelles je suis seul avec l'enfant.

Durant cette étape de la rencontre, nous devons nous positionner vis-à-vis de notre partenaire de jeu. Nous pouvons assez facilement catégoriser les clients :

1- Les 4-7 ans qui sont souvent dans la logique bébé.
2- Les 7-12 ans qui sont dans l'expansion d'eux.
3- Les 13-17 ans qui sont dans l'affirmation d'eux.

Le dernier groupe entrant dans l'adolescence est souvent en rejet vis-à-vis du choix des parents et ils viendront beaucoup plus rarement.

Quand ils viennent, j'ai pu observer une vraie démarche personnelle qui offre des séances réellement extraordinaires.

Durant cette étape, je ne me présente pas plus que cela, je préfère le faire quand je me retrouve en face à face, ce qui permet un meilleur échange et l'enfant ne se sent pas juger par les questions.

Les questions, ou plutôt l'anamnèse, étant le second point de notre séance.

2/ L'anamnèse avec l'enfant

Je précise bien avec l'enfant, parce que vous allez, au départ, avoir le point de vue de l'accompagnant, rarement celui du principal intéressé.

Prenez donc un moment avec les parents qui sont là pour prendre connaissance de l'objectif de ces derniers. J'avoue que je ne pousse jamais très loin mon échange avec eux.

Je pars du constat que ce que l'enfant devrait 'avoir' selon le point de vue du parent est souvent un problème qui lui est propre et projeté. Le parent répète ce que des 'spécialistes' lui ont dit, ou en version moindre, ce qu'il a pu lire sur l'internet.

Je leur demande, en revanche, si eux-mêmes sont suivis par des spécialistes de la psyché. Vous remarquerez que souvent les enfants s'adaptent aux maux de leurs parents, comme un effet miroir. Si ces derniers allaient mieux dans leurs vies, les enfants par extension se sentiraient bien.

Une fois, une mère m'emmène un de ses trois enfants pour un problème de poids, il était en courbe très basse et avait, selon les spécialistes, une tendance anorexique. Je me suis retourné vers la mère et la première chose que je lui ai demandée était de savoir si elle-même l'était.

Son corps était fin mais cela n'est pas un signe concluant, je trouve le questionnement direct beaucoup plus efficace.

Après quelques hésitations, elle m'a dit qu'elle l'avait été et c'est pour cela que l'état de santé de son enfant la préoccupait autant. De fil en aiguille, j'ai pu savoir qu'elle avait encore des crises. Je lui ai demandé de se faire suivre surtout pour son petit.

J'ai eu des retours quelques mois plus tard, l'enfant allait mieux, parce que la mère ne faisait plus ses crises...

Nous savons que les enfants sont des éponges, ils voient, ressentent et vivent de nombreuses choses que la famille ne perçoit pas. Les parents, pour la plupart, restent protecteurs des tensions et des problèmes, préfèrent penser qu'ils mettent les enfants à distance de leurs problèmes. Seulement, même si le conscient ne percute pas sur ce qui se passe, le subconscient, lui, capte les attitudes, les gestes, les non dits, les peurs...

De plus, l'enfant est en transe hypnotique jusqu'à ses 6 ans.

Ce qui signifie qu'il a une connexion directe avec son subconscient, ses émotions, ses intuitions. Il ne va pas rationaliser ce qu'il perçoit, il va le traduire en reflet sur lui-même. Les douleurs et les maux des parents deviennent alors les siens.

Les accompagnants vont vous exposer ce qui leur semble être le contexte et la problématique. Je suis très souvent étonné de voir que le contexte des parents n'est pas celui des enfants.

J'ai reçu une dame pour la seconde fois dans mon cabinet, la première fois ayant fonctionné pour son fils aîné. Elle m'expose le problème et la situation comme elle me l'avait fait la première fois. J'avais eu, lors de la première session, un élément clef d'une 'haine' entre les deux frères. J'en avais parlé en retour à la mère, qui n'avait pas forcement pu se rendre compte de la violence des mots.

Dans ce cas-ci, j'ai commencé mon anamnèse avec l'enfant, la mère sachant se faire très discrète, je lui ai demandé de rester quelques minutes. En quelques échanges, nous nous sommes retrouvés dans un cas presque similaire qu'avec le frère.

Ce cadet commença à m'exposer sa vision pour se 'venger' de son frère et comment il se préparait à 'tuer' ce dernier pour qu'il comprenne la leçon.

La mère a tellement été troublée par la violence et la précision de ce qu'il souhaitait faire (l'enfant avait 10 ans) qu'elle est sortie du cabinet. Elle me dira, en fin de session, qu'elle a eu des nausées en écoutant les mots de son fils.

Pour elle, le rapport 'violent' entre les deux frères était un 'contexte' classique dans une fratrie. Seulement avec les explications de son fils, elle se rendait compte que ce n'était pas du tout le cas.

Prenez donc avec des pincettes les informations des parents. Ils ne le font pas dans une mauvaise intention, ils souhaitent réellement que leurs enfants soient bien, par contre, comme nous tous, ils filtrent, pour éviter de se rendre complètement compte et donc souffrir.

Une fois que vous avez pris les points qui vous semblent importants avec l'accompagnant, je vous conseille de faire sortir le parent et de commencer vos questionnements directement avec l'enfant qui est en face de vous.

Il est certain que l'enfant de moins de 7 ans va répéter ce qu'il a entendu. Vous allez devoir le faire s'exprimer de différentes façons et comme le proposait à l'époque Winnicott, vous pouvez le faire dessiner pendant que vous parlez avec les parents.

Pour les âges plus avancés cela est assez simple, ils parlent avec plaisir. Je commence souvent en leur expliquant que c'est un moment pour eux et qu'ils ont droit de dire tout ce qu'ils pensent sur tous les sujets, de toute façon ça restera entre nous.

Posez des questions sur des thèmes simples et pourtant clefs pour ce qu'il va apporter comme indices :

1- Père
2- Mère
3- Frères- Sœurs
4- École
5- Amis
6 - Envies
7- Futur
8- Héros et passions

Vous aurez un panorama simple de ce que représente sa vie. Je vous conseille de lui demander sans cesse ce qu'il ressent.

Comme avec les adultes, les moments où vous les voyez se rétracter et vous répéter qu'ils ne savent pas, sont des points à prendre en compte. Ne forcez pas, posez les questions différemment.

Je pars d'un principe connu qui est la réciprocité. Je te donne un peu de moi et tu vas me donner un peu de toi. Les enfants jouent, les enfants souhaitent briller et comme nous sommes dans un jeu d'enquête, vous allez donner des points.

Avec des enfants qui avaient subi des violences, à chaque question-réponse, je proposais des jeux pour les ouvrir et ne plus prendre l'instant comme un interrogatoire.

Nous devons nous placer dans un contexte de confiance, et entrer dans leur monde. Ne pas hésiter à connaître leurs codes, que ce soit dans les jeux vidéo dont ils parlent, dans les dessins animés ou les séries. Si vous ne connaissez pas, posez des questions, ils sont ravis de pouvoir partager leur savoir sur ce qui les passionne. Nous nous plaçons comme traducteur. Nous avons des métaphores au travers des héros qui les touchent, des choses qui les débectent, de leurs peurs. Sur les sujets plus directs comme le père et la mère, comme les adultes, ils ont souvent la phrase toute faite pour dire que tout va bien.

Et comme avec les adultes, rapidement on s'aperçoit que c'est dissonant. Le souci c'est qu'ils cherchent à les protéger, ces adultes étant la seule source d'amour qu'ils connaissent.

Notre prise d'informations va être extrêmement importante, nous allons pouvoir savoir quels types d'images nous allons créer, quel jeu nous allons mettre en place pendant la transe. Nous allons devoir jouer avec le symbolisme pour la famille et les points qu'ils n'aborderont pas.

N'oubliez pas nous ne sommes pas des pédopsychiatres. Ce n'est pas notre rôle de travailler sur cet aspect là. Nous avons défini une problématique avec l'accompagnant, nous la validons avec l'enfant, même si les points ne sont pas ceux exactement énoncés par l'adulte, nous savons que nous allons aller autour de ce secteur ci.

Tout ce qui va être plus psychologique, plus systémique nous devons le laisser aux spécialistes de la discipline et orienter les parents vers ce type de suivi.

En ce qui concerne les adolescents, les échanges sont fluides, même si parfois ils se ferment quand nous allons aborder certains sujets.

J'ai eu la chance d'avoir un certain nombre d'adolescents qui souhaitaient avoir confiance dans ce que je proposais en hypnose, le point clef a été de les faire jouer en prétest. Cela valide ma 'qualité' de spécialiste de l'hypnose.

Nous devons être vrais avec les adolescents et surtout ne pas faire comme beaucoup de thérapeutes, c'est-à-dire tout dire aux parents après. Nous avons un devoir de réserve sur ces sujets et nous nous mettons d'accord sur ce qui va rester scellé entre nous.

3/ Les Prétests

Il est important que nous proposions des séances ludiques pour les enfants. Comme dans le sport, vous ne pouvez pas faire faire les mêmes types d'exercices en souhaitant leur attention sur toute la durée.

Nous avons dans l'Hypnose Classique une chose qui est vraiment pratique et amusante, les tests. L'Hypnose de scène peut vraiment venir au secours de tous les praticiens et encore plus quand vos clients sont des enfants.

Pour donner une véritable crédibilité à notre méthode, nous devons faire nos preuves vis-à-vis des enfants. Nous ne sommes pas des psychologues, nous sommes différents et nous proposons des outils différents. Le fait de montrer ce que nous faisons et ce dont 'nous' sommes capables, va valider la figure d'autorité.

Il est très possible que les accompagnants aient déjà envoyé leurs enfants chez nombre de spécialistes. Et les enfants sont très souvent ennuyés, lassés, surtout qu'ils sont malins et à l'écoute. Si le père ou la mère durant une conversation quelconque 'critique' les résultats, l'enfant va l'assimiler et très certainement confirmer cette 'croyance'.

J'aime expliquer que les clients qui viennent vers un professionnel de l'hypnose, sont généralement en fin de stratégie. Ils ont déjà rencontré de nombreux spécialistes qui ne sont pas parvenus à obtenir les résultats escomptés par les demandeurs.

Il y a donc de forte chance que ce soit la même chose pour les enfants. Vous devez donc vous placer comme étant différent de toutes ces personnes qui lui ont fait faire tant de choses.

Durant l'anamnèse n'hésitez pas à couper vos questions, qui très souvent ennuient l'enfant, par une remarque type :

'Au fait tu sais ce que je fais-moi ? Tu sais ce que c'est l'hypnose ?'

Vous allez entendre des tas de choses, entre les points de vue des parents, la télévision et les dessins animés, vous découvrirez que nous faisons une profession assez hors du commun, voire très magique.

Une fois la question posée, c'est le moment de faire deux tests très classiques. Le poids et le ballon puis les aimants.

Il y a une chose à comprendre, les enfants jouent très vite le jeu, et vous aurez même l'impression qu'ils ne suivent pas ce que vous leur demandez.

En effet, la plupart sont déjà en état de transe dans le cabinet, si en plus vous les faites jouer, ils vont pouvoir facilement se laisser aller.

1- Le Poids et le Ballon

Expliquez à votre jeune client que vous allez voir le pouvoir magique qu'il a en lui. Avec les adolescents, utilisez plutôt un lexique de développement de ses possibilités, de croissance de l'esprit avec la croissance du corps. Vous vous rendrez compte que cela est flatteur pour eux dans cette période de changement qu'est l'adolescence. Ils se cherchent et veulent devenir plus eux, alors donnez-leur un maximum d'idées et de suggestions à ce propos-là.

Faites-lui tendre les bras devant puis tourner une des deux mains vers le ciel. Enfin faites-lui fermer les yeux.

Proposez-lui d'imaginer dans une des deux mains, une encyclopédie extrêmement lourde qui va peser et va faire descendre son bras, de l'autre main donnez-lui l'image de petits ballons d'hélium tellement légers qu'ils vont faire monter le bras vers le ciel.

Toute cette partie va généralement très vite. Les enfants ont une fabuleuse imagination et surtout comme vous présentez cela comme un jeu, ils ne sont pas jugés.

Leur facteur critique ne s'activera que très peu, eux souhaitant surtout 'réussir' ou 'gagner' à ce jeu. Pour la plupart des praticiens cela pourra être déroutant surtout si vous avez déjà fait ces tests avec des adultes. Vous aurez presque la sensation qu'il n'y a rien d'impressionnant avec les enfants tellement tout va vite. Plus vous le ferez avec des enfants et plus vous allez vous amuser, en fonction de leurs personnalités, à découvrir comment chacun vit l'expérience.

Une fois que vous avez fait ce premier exercice, vous prenez simplement un checking : est-ce que tu as senti cette force, cette énergie, ce poids ?

Mettez réellement en avant que c'est extraordinaires et que le second jeu va être plus incroyable.

Avec les adolescents, il est intéressant de faire ce même test avec les yeux ouverts. Vous verrez parfois des gros yeux, comme si cela dépassait l'entendement. Vous allez devoir les rassurer, leur montrer que clairement c'est très positif et qu'ils sont très bien connectés à leur subconscient et donc avec un puits de potentiels infinis.

Une fois que vous avez obtenu ce que vous souhaitiez de cette expérience, vous pouvez passer au second prétest.

2- Les aimants

De la même façon pour ce jeu, prenez du temps et du plaisir. Vous êtes en train de faire découvrir l'hypnose à un néophyte qui a besoin qu'on fasse attention à lui. Plus vous serez dans le divertissement, plus vous allez construire un rapport de confiance avec votre petit client.

Pour les aimants faites-lui simplement tendre les bras, les mains face à face. Puis expliquez que vous allez mettre des aimants qui vont s'attirer dans le creux de ses mains. Orientez vos suggestions vers l'attraction des deux mains. Si vous voyez que les mains s'approchent tout doucement, vous pouvez les faire se repousser avant le contact, puis vous pouvez même utiliser le test précédent, en rajoutant un poids lourd...

Soyez créatif, surtout ne vous robotisez pas, ne répétez pas un scénario prédéterminé, vous devez être aussi spontanés qu'un enfant.

J'ai vu de nombreuses de personnes, qui en faisant des tests, s'arrêtent et me regardent en me disant qu'ils ne savent plus quoi dire. Il n'y a rien de spécial à dire, simplement connaître votre objectif, puis improviser.

Vous n'avez pas besoin de parler à toute vitesse, prenez votre temps, vous êtes praticiens, vous devez être dans une zone de confort dans ce que vous proposez. L'enfant vous sent, il sait quand vous perdez le fil. Dans votre rapport de confiance vous n'avez pas à perdre ce fil. C'est là notre travail.

Une fois les prétests terminés, vous verrez que les enfants auront souvent un grand plaisir à faire ce que vous proposez. Cela est très important pour passer à l'étape du jeu de l'imaginaire.

Si vous faites des séances avec des tout petits, c'est-à-dire moins de 6 ans, cette étape n'a aucun intérêt. Pour les adolescents, c'est souvent la meilleure partie de la séance pour eux. C'est pour vous le passage du feu, pour savoir s'ils vont faire confiance à cette méthode.

4/ Le Monde de l'Imaginaire

Vous avez sûrement remarqué que je ne fais pas de prétalk pour les enfants. En effet, il est plus important que l'on fasse expérimenter que de donner des explications qui de toute façon n'ont aucun intérêt pour eux.

Souvent les enfants qui regardent des dessins animés, qui aiment les jeux, ont des héros. Il est intéressant de faire des comparaisons entre le pouvoir du héros et le sien. J'ai vu de nombreux enfants qui rapidement arrivent à prendre un héros comme un référent 'protecteur' pour décupler leurs pouvoirs cachés.

Nous allons donner des ouvertures sur ce qu'ils sont capables de faire. Je me souviens d'un enfant qui me parlait d'un personnage de jeux vidéo. Je lui dis qu'il avait les mêmes pouvoirs au fond de lui. Sa réponse pleine de bon sens est que ce n'est pas possible, il ne peut pas voler, ni courir aussi vite …

Je lui explique alors que oui, dans le monde dans lequel on parle maintenant il ne peut pas, mais s'il ferme les yeux, qu'il imagine ce personnage près de lui, il va sentir qu'il est capable de bien plus de choses qu'il ne se pensait prêt à faire. A ce moment l'enfant ouvre ses yeux et me dit : 'c'est vrai il m'apprend comment faire !!'

Son imaginaire commençait déjà à prendre sa pleine place, en somme, son subconscient était en train de dépasser son conscient, et nous avions une transe avec un élément ressource important.

Vous allez amener l'enfant client dans le monde de l'imaginaire, et c'est là que vous allez pouvoir prendre les références qu'il vous a proposées en anamnèse.

Vous allez connecter son monde imaginaire aux problématiques du réel. Il est indispensable que ses problèmes soient transcendés. Plus vous allez lui faire un lien entre ce qui peut être vraiment vécu et ce que représente le symbole dans un jeu, plus le monde qu'il va construire va avoir un impact dans son quotidien.

Pour cela, vous avez un outil qui est le personnage ressource qui vous sera extrêmement utile.

5/ Les Ressources

Avec les enfants nous pouvons facilement utiliser le principe de personnage ressource. Il est très peu utile de le prendre comme état ressource lui-même. Autant avec des adultes, dans des régressions, les retours sont formidables, autant avec les enfants, ils n'ont pas la capacité ou, en tout cas, la facilité à se dissocier de la même façon.

Pour les aider dans leurs cheminements, je propose souvent un personnage, cela peut être un martien, un dragon, un robot, une fée, un animal magique.

Le but est de trouver ce qui pourrait lui correspondre. En tant qu'adulte, en contact avec l'enfant depuis peu de temps, il vaut mieux ouvrir vos suggestions. C'est-à-dire lui offrir une quantité de possibilités.

Vous remarquerez que très souvent, l'enfant risque de changer plusieurs fois. J'insiste sur le fait que ce personnage va l'aider toute sa vie, qu'il sera là à tous les moments de sa vie et, comme lui, il va grandir avec le temps et les expériences.

Il est important de lui faire intégrer cela et de le répéter de nombreuses fois durant la séance.

En effet, vous allez lui offrir un 'outil' unique qui le protégera d'un mal extrêmement courant chez les enfants et les adultes : l'Abandon.

J'ai remarqué que nombre de jeunes clients que je reçois se sentent très souvent seuls. Ils me le disent parfois, directement ou plus subtilement, en me disant qu'ils voient peu leurs parents.

J'ai pu observer que les familles du 21e siècle, qui pour beaucoup (particulièrement dans les cas que je reçois) sont des familles recomposées, avec de nouveaux frères et sœurs, de nouveaux lieux de vie, de nouveaux contacts, donnent un sentiment de rejet et d'abandon chez l'enfant.

Il ne se sent plus compris et plus écouté. Il doit s'adapter à un monde qu'il ne maîtrise pas et voit souvent le bonheur du parent, et se sent coupable d'être triste et mal dans sa peau.

Le mode d'intégration dans le nouveau groupe familial des adultes, est parfois léger. Le fait que nous offrions à ce jeune être un 'accompagnateur' dans sa vie, lui permet de se sentir toujours aidé, écouté, aimé.

J'ai pu revoir des enfants, que je n'avais pas vu depuis longtemps, me parler de 'leur ami' quelques temps après la consultation, fiers que cet ami les aide tous les jours.

Nous avons la possibilité, avec l'hypnose, d'offrir des outils et des ressources. Il est important de comprendre que notre impact va être très court et éphémère.

Les parents, pour la plupart, tentent de faire au mieux pour leurs enfants et souhaitent sincèrement leur mieux être. Seulement, leurs problèmes, leurs habitudes, leur mode d'éducation risquent de complètement saboter une séance qui vient d'être faite.

6/ Le Sabotage

Nous ne voyons les enfants qu'une petite heure lorsque les parents estiment qu'ils doivent venir nous voir. Ce qui signifie que parfois entre la première et la deuxième séance il peut y avoir des mois qui se sont écoulés.

Combien de fois ai-je eu des parents qui m'amènent leurs enfants pour un problème comme le stress, des plaques... et qui n'écoutent pas les mots suivants : 'Revenez rapidement pour que nous puissions assurer notre travail. Pour eux tout est réglé et d'ailleurs le subconscient des enfants étant vraiment mieux connecté au conscient que le notre, les résultats sont très souvent immédiats.

Seulement, en une séance nous venons de toucher le problème, nous venons de le débusquer et de lui mettre un pansement, rarement nous avons pu faire toutes les sutures... les enfants ça bougent beaucoup.

Alors, quelques mois plus tard, je reçois des mails ou des coups de fil, qui avec un étonnement indiquent que le petit recommence son problème qui avait parfaitement disparu.

Autant je ne suis pas habitué à donner les rendez-vous suivants pour les adultes, autant pour les enfants je pense que c'est réellement indispensable.

Les parents ont, en plus, des facultés pour casser inconsciemment ce qui a été mis en place durant la séance. Je me souviens d'un enfant qui venait pour un problème de timidité et de confiance en soi. Après une belle séance, l'enfant est plein d'envies, pleinement conscient qu'il est capable de nombreuses choses et qu'il est prêt à passer à l'attaque. La mère rentre pour un petit debrief et dès que l'enfant lui demande s'il peut apprendre à faire une nouvelle activité, sa réponse est ' Mais tu n'es pas doué pour cela, pourquoi tu veux faire ça ?'.

C'est un cas parmi des centaines que l'enfant doit subir sans cesse dans son quotidien. Si nous ne lui offrons pas des armes avec lesquelles il va pouvoir se défendre, et surtout se guérir, notre séance ne servira à rien, ou bien, tôt ou tard, ses barrières risquent de céder, face aux suggestions continues de sa famille.

Il y a parfois une problématique des parents qui n'est pas gérée et le fait que l'enfant change, entraîne un changement d'attitude des parents qui ne savent pas du tout comment le gérer.

Les ancrages étant omniprésents, il y a de fortes chances que l'adulte ne puisse pas s'adapter, l'enfant devant reprendre sa position de 'survie' initiale pour éviter de rentrer en conflit.

N'hésitez vraiment pas à proposer vos services aux parents.

7/ L'induction

Une fois que vous avez fait les tests, les enfants sont déjà passés dans le monde de l'imagination. Pour moi, il est indispensable de les faire vivre, de les faire bouger et se mouvoir dans leurs séances.

Ils deviennent les héros d'un monde qui leur permettra de transformer un autre monde. C'est un point que je mets souvent en avant. 'Tout ce que tu changeras dans ce monde que l'on construit ensemble, changera le monde dans lequel tu vis, alors on doit faire les bons choix'.

L'enfant a besoin d'être exalté. Je me souviens d'une petite fille qui aimait le trampoline. Elle en faisait des heures dans ses soirées. Je lui ai donc proposé de s'imaginer en train de prendre le même plaisir que si elle sautait de plus en plus haut. Et durant toute la séance, elle avait des petits mouvements comme si elle sautait vraiment.

Je reprends facilement la méthode de Dave Elman. Il demande de « faire comme si ». Et les enfants aiment porter des déguisements et se prétendre des personnages qu'ils ne sont pas.

Vous allez leur proposer de se souvenir quand ils étaient des petits. Et vous mettez l'accent sur le côté enfant.

Vous verrez que les petits vous feront souvent remarquer qu'ils ne sont plus des bébés. Et validez cela, en leur disant que c'est juste un jeu et que vous savez qu'ils sont assez grands et forts pour changer ce qu'ils veulent.

J'ai eu le cas une fois d'une petite qui avait 6 ans et qui ne voulait surtout pas être un bébé. Alors je lui ai fait l'inverse. Je lui ai demandé de jouer l'actrice comme au cinéma, de devenir une adulte. Le fait de se sentir comme un 'grand' l'a rassurée et elle a joué le jeu.

De façon générale, proposez d'imaginer leurs yeux collés. Vous pouvez jouer des métaphores :

1- Colle Magique
2- Pouvoir de leur Force Intérieure
3- Pouvoir Magique
4- Ouverture du Troisième œil qui nécessite de coller les autres.

Vous verrez que la plupart exagèrent, ils bougent, rient et prennent un grand moment de joie.

Après, faites tout de même un fractionnement, ce n'est pas nécessaire mais cela peut continuer à les faire partir dans le monde que vous leur proposez.

Pour ce faire, proposez simplement que vous allez claquer des doigts, qu'il va ouvrir les yeux et que lorsqu'il les fermera c'est comme s'il allait passer à la vitesse de la lumière pour se retrouver dans un monde magique. Vous lui faites faire trois fois. Vous pouvez faire des onomatopées, vous pouvez mimer quand il ouvre les yeux.

Prenez toujours plaisir, en tant que praticien, lorsque vous êtes en train de travailler avec les enfants. C'est une énergie qui se transmet. Vous vous connectez d'esprit à esprit.

Une fois que vous sentez que l'enfant vous suit vraiment, vous allez pouvoir commencer le cœur de la séance.

Pour les adolescents, prenez du temps pour bien les approfondir, ils ont besoin aussi de cette relaxation profonde, ils vous seront vraiment reconnaissants de cela.

8/ Technique de Métaphores Ressources

Revenons aux ressources, je pense que pendant l'anamnèse nous devons vraiment voir ce qui pourra l'aider durant la séance.

J'ai eu un patient qui voulait absolument devenir pilote. Ce petit était absolument génial. Pensez bien que vos jeunes patients sont des potentiels qui n'attendent que de briller. Gardez toujours cela en tête.

Il avait des soucis en cours, il n'arrivait pas à gérer le boulot, il était dyslexique. Pourtant sa mère était persuadée qu'il était complètement capable. Il a un rêve d'être pilote. Vous vous doutez donc que notre fil conducteur sera sa passion.

J'utilise ce type de passion ressource comme fil conducteur de l'ensemble de la séance. C'est la métaphore de base de tout son succès. Que pouvons-nous prendre de ce type d'informations.

1- As-tu déjà été dans un avion ?
2- Qu'aimerais-tu faire en avion ?
3- Quelle sensation as-tu dans un avion ?
4- Plus tard tu te vois piloter quel type d'avion ?
5- Aimes-tu le décollage ou l'atterrissage ?

Vous avez un maximum d'éléments pour avancer. A partir de là vous connaissez votre objectif de séance, vu avec la mère et surtout vu avec l'enfant. Nous savons que nous devons faire en sorte qu'il apprenne plus vite, se concentre mieux en cours et qu'il assimile plus vite pour moins travailler chez lui.

Dans les métaphores ressources, vous utilisez tous les éléments pour qu'il prenne ses compétences.

1- Lui faire mettre ses vêtements pour piloter comme lorsqu'il va à l'école le matin. Il sait qu'il a un objectif, être concentré comme pendant un vol, comme pour une mission.

2- Le faire entrer dans le cockpit et donner les objectifs de sa mission. Une fois qu'il est parti, il va être plus ouvert aux informations et, sans s'en rendre compte, assimiler de plus en plus l'enseignement des professeurs. Il sait qu'il va retenir et facilement réutiliser ce qu'il va entendre une fois, parce que comme sur un tableau de bord, il sait utiliser au mieux son tableau intérieur.

3- La vitesse du décollage, symbole de son envol vers une nouvelle façon de vivre sa scolarité, de décider qu'il sait ce qui est bon pour lui et qu'il va à toute vitesse vers sa destination. Lui ancrer l'avion au décollage, cette sensation de force pour les périodes difficiles.

4- En vol, vous pouvez imaginer qu'il vise des avions ennemis. Imaginer les avions 'ennemis' comme étant des cibles et des étapes, vous les faites nommer. Vous pourrez lui faire nommer ses différents objectifs clefs, comme la moyenne, améliorer ses capacités de mémorisation.

5- Vous lui rappelez qu'à chaque fois qu'il reprendra cet avion, il pourra gagner des heures de vol. Ces heures représentent son expérience et par conséquent ses transes positives qu'il pourra réactiver facilement à n'importe quel moment. Ses vols ont donc des objectifs majeurs et des objectifs mineurs. N'oubliez pas que les ressources sont les moteurs thérapeutiques de vos jeunes patients. Ils doivent sentir que tout ce qu'ils mettent en place leur sera utile.

6- Une fois qu'il aura accompli sa 'mission' n'hésitez pas à lui demander s'il est satisfait, s'il sent qu'il a changé des choses, s'il se sent prêt. Vous pouvez lui faire imaginer cela de la tour de contrôle. Il vous donnera clairement la réponse. Il n'est pas nécessaire de poser des signaling avec les enfants. Ils se dissocient facilement et ils sont parfaitement capables de vous donner les informations demandées.

7- Une fois que tout est clairement 'traité', vous pouvez aller le faire se poser sur un aérodrome. En fonction de ce que vous modifiez, changez l'aéroport d'arrivée.

En effet, vous proposerez donc à son subconscient un changement. Il ne retourne pas au point de départ, il a changé et il sait qu'il pourra repartir d'un nouveau lieu. N'hésitez pas à lui faire prendre conscience que les choses ont évolué.

8- Passez un certain temps pour lui ancrer son voyage, qu'importe la métaphore ressource. J'ai eu des enfants qui étaient fans de jeux vidéos et je leur ancrais que le changement, leur réussite et leurs choix, qu'ils venaient de prendre, se réactiveront automatiquement dès qu'ils verront un PC.

Nous avons le potentiel que l'enfant a. Vous aurez parfois des résistances sur les métaphores ressources. Acceptez-le, et transformez jusqu'à ce qu'il se sente en phase avec ce qui est exposé.

Il est le héros de son histoire, il est le héros de son changement.

Le Temps et la fréquence des séances avec les enfants

J'ai souvent cette question afin de savoir combien de temps doit durer une séance avec un enfant. Certains diront une heure, d'autre une demi-heure.

Je pense que le temps n'est pas un facteur que nous devons prendre en compte avec les enfants. Ils peuvent changer en un instant. Les adultes le peuvent aussi, seulement ils ne sont plus capables pour la plupart de s'en rendre compte. En effet, l'esprit critique, les croyances et les apprentissages ont retiré le 'pouvoir magique de l'instant'.

Les enfants eux n'ont pas ce problème. J'ai eu le cas d'un enfant qui, suite au divorce de ses parents, gardait une grosse colère vis-à-vis du père. Il y avait des effets secondaires plutôt ennuyeux pour lui. En effet, l'une des premières choses qu'il m'exposa était : 'Je ne peux plus aller dormir chez les copains sans que je me mette à pleurer et me sentir mal'.

Nous avons parlé quelques minutes, puis je lui ai fait faire un léger travail sur son père, sur sa mère aussi en passant. Avec un état ressource et des 'gestes salvateurs'. En à peine cinq minutes, il me dit se sentir vraiment mieux. On arrête alors la séance.

Le soir même il est allé dormir chez un ami et a très bien vécu sa soirée.

Je comprends bien que de nombreux praticiens puissent se dire ' Je fais une séance à 'x' euros, je ne peux pas aller voir la mère après seulement 10 minutes, ce n'est pas sérieux '.

Seulement, le fait de continuer ou de faire durer la séance entraîne un possible sabotage. Vous allez énerver l'enfant, et vous allez très certainement perdre la connexion avec lui, parce que vous allez vous centrer sur votre 'intellect' et plus du tout avec les feed back de votre jeune partenaire.

Respectez le rythme de chacun, ils sont extraordinaires, et apprenez à réellement faire confiance à vos qualités d'accompagnant. Vous devez croire en vous.

De même, je préfère que ce soit les enfants qui demandent une nouvelle séance. Il y a de nombreux parents qui vont estimer qu'il serait bon de continuer. Je vous conseille de recadrer la dynamique mise en place. La thérapie est vécue par l'enfant et c'est lui qui doit estimer si cela lui fait du bien et s'il veut retourner chez le praticien qui l'accompagne.

Les enfants savent ce qui est bon aussi pour eux. En tout cas j'ai constaté que ce sont les enfants qui demandaient une nouvelle séance avec moi. Ils ont aimé ce qu'ils ont fait.

Nous ne travaillons pas sur le conscient de l'enfant, nous ne sommes pas dans le domaine de l'analyse, nous travaillons à un autre niveau et les règles sont différentes de celles que nous admettons comme la norme commune. Nous partons du principe que le subconscient est doué d'une grande intelligence et d'un potentiel de 'survie', il assimile ce qui est bon et ce qui l'est moins. Sortons-nous même des schémas que nous connaissons tellement, et accueillons la confiance de ces jeunes êtres.

Le seul bémol à ce discours serait pour les TOC et compulsions. Il est recommandé de revoir assez rapidement l'enfant pour vérifier qu'il n'y a pas de compensations qui sont mises en place. Le subconscient cherchant parfois à délivrer un message qui n'a pas encore été compris. Il est intéressant de vérifier. Notez qu'il est possible de demander à l'enfant de mettre un programme dans son subconscient, qui efface les origines de ses maux, pour sécuriser le traitement de ses pathologies.

9/ Les Gestes Salvateurs

Comme je le soulignais précédemment, il y a un besoin, chez la grande majorité des enfants, de bouger, d'agir et de vivre leurs séances.

Les gestes salvateurs vont être la théâtralisation de leurs actions que ce soit dans une métaphore ressource ou dans un traitement en imagerie mentale.

En cas de Douleurs :

Les enfants sont vraiment excellents pour créer des anesthésies ou tout du moins des analgésies. Vous le savez tous, un enfant qui se fait mal va en un instant arrêter de souffrir quand la mère va lui faire un 'bisou magique'. Ce bisou est une rupture de pattern. Le schéma étant la douleur et la mère étant la ressource de guérison.

Vous pouvez donc en tant que praticien utiliser ce pouvoir extraordinaire des enfants à calmer rapidement leurs douleurs. Je vous conseille de travailler avec l'ensemble des canaux sensoriels du jeune client.

Pour rappel, les canaux sont visuels, auditifs, kinesthésiques. Vous pouvez éventuellement rajouter du gustatif et de l'olfactif.

Ces canaux vont permettre plusieurs choses et notamment de saturer votre interlocuteur.

1- Faites-lui localiser sa douleur et faites-lui imaginer une couleur qui correspond.

2- Faites-lui saisir et tendre son bras, vous allez pouvoir reprendre le premier exercice que vous lui aviez fait faire, et lui faire imaginer que sa douleur devient un poids de plus en plus important dans sa main. Sa main va donc baisser de plus en plus et il pourra même voir la couleur s'amplifier et la forme grandir. Laissez le bras descendre de plus en plus et une fois que vous voyez, ou qu'il vous dit, que toute sa douleur est dans cette main, faites-le respirer très fort.

3- Au bout de trois inspirations et expirations très fortes faites lui jeter le plus loin possible cette douleur, cette gêne, en criant pour montrer qu'il la jette le plus loin possible.

4- Demandez-lui ce qu'il en est de cette douleur, et vous pouvez recommencer si la douleur s'est déplacée, si elle a changé de couleur...

Vous vous rendrez compte qu'en très peu de temps, les maux se seront vraiment atténués. Pensez à rendre l'enfant responsable et à lui dire que si la moindre douleur revient, il pourra refaire cet exercice seul.

En cas de Peur ou d'émotions négatives

Cet exercice est extrêmement classique et son impact est réellement positif pour les enfants, évitez de le faire aux adolescents c'est trop infantilisant.

1- Faites-lui imaginer sa peur dans le creux de sa main, comme un personnage, cela peut être un petit fantôme, un squelette, un extra-terrestre...

2- N'hésitez pas à le faire grandir, mais toujours à la taille de la main, et faites-lui prendre du poids.

3- Une fois qu'il a suffisamment dissocié de lui cette émotion, vérifiez avec lui pour constater s'il a encore la même émotion dérangeante. Assez rapidement, il pourra vous dire (en général vous la faite en complément de l'imagerie mentale.) ce qu'il ressent, il pourra donner une note.

4- Quand vous vérifiez qu'il est prêt pour 'abandonner' cette émotion négative, faites-lui répéter 'je vais la retirer/ l'enlever...' Je préfère l'écraser.

5- Puis faites-lui bien imaginer le personnage dans sa main, faites-le inspirer, garder son souffle et écraser avec l'autre main ce petit bonhomme.

6- Faites-lui secouer les mains ou mieux laver les mains pour nettoyer le résidu de l'écrasement.

7- Vérifiez que tout est bon, remettez-le dans sa situation de peur ou de stress, et demandez-lui si l'émotion est encore là.

Les gestes salvateurs ont un réel impact sur le subconscient de l'enfant. Il valide les actions qu'il a mises dans sa tête. Il réunit les images à la réalité physique.

Utilisez-les à toutes les séances, cela leur donnera des gestes ressources pour les jours et les mois qui suivront leur séance. Ils repartiront avec une technique qui leur sera propre et personnalisée.

L'imagerie mentale

Quand je parle pour les enfants d'imagerie mentale, je lie deux choses, la force de création de l'imaginaire du petit hypnotisé et un outil de PNL qui est lié aux submodalités.

Ils ont une flexibilité mentale qui permet de rapidement changer les images qu'ils ont dans la tête. Il est très intéressant de travailler les yeux ouverts avec cette technique. Cela leur permet de se sentir 'libre'. Les adolescents apprécient plus particulièrement parce qu'ils peuvent sentir que personne ne va entrer dans leur tête.

1- Faites imaginer la situation qui perturbe l'enfant. Il n'a pas forcément besoin de vous en parler, parfois il y a un manque de confiance à la première séance qui va l'empêcher de tout dire.

2- Faites-lui amplifier pendant quelques instants pour arriver à la réaction émotionnelle. Puis à ce moment-là faites-lui changer les couleurs, et la taille des personnages. N'hésitez pas à en faire des méchants de dessins animés, de séries ou de films que le jeune patient regarde régulièrement.

3- Une fois qu'il a transformé de façon symbolique cette scène, n'hésitez pas à y faire intervenir un personnage ressource (l'un de ses héros), et à transformer la scène.

4- Vérifiez comment il se sent. Puis demandez-lui d'imaginer ce souvenir en le transformant comme il aimerait que cela ce soit passé.

5- Faites le vivre la scène en version positive, avec toujours la ressource près de lui pour développer la confiance, la sécurité, l'accompagnement.

6- Reprenez la scène initiale traumatisante pour savoir ce qu'il ressent. Généralement, la scène n'aura plus le même impact émotionnel. Dans ce cas l'enfant se sentira apaisé sur cette histoire.

7- Vous pouvez compléter avec un geste salvateur de votre choix. J'ai eu un enfant qui avait vécu de la violence dans sa famille et cela affectait sa relation aux autres, il était craintif et les gestes un peu vifs le terrorisaient. Cela commençait à vraiment jouer sur ce qu'il était en lui, un enfant plein de désirs et de courage pour se dépasser.

Nous avons repris les scènes les plus dures pour lui. Bien sur il avait peur, et ne voulait pas vraiment se plonger dedans. C'est normal et acceptez-le. Nous avons trouvé un personnage qui le fascinait et qu'il adorait, issu d'un manga.

Nous avons transformé la violence qu'il a vécue comme une scène d'un épisode du dit manga. Le petit a pris plaisir à voir le 'héros' qu'il était devenu, accepter les coups, et surtout se sortir de la situation en grandissant avec son équipage, ses amis.

La référence à ce héros lui a fait comprendre que ce qu'il avait vécu n'était pas juste, mais que comme c'était le passé, il avait le droit d'être triste et en colère, mais qu'il allait pouvoir en prendre leçon et devenir plus fort pour avancer, comme le personnage ressource.
En quelques jours, il a changé sa façon d'être et l'accompagnant m'a dit qu'il n'avait plus peur et qu'il allait vers les autres.
Le plus grand des pouvoirs est enfermé dans le subconscient de ces petits êtres, à nous de leur redonner ce qui leur appartient.

10/ Les Personnages ressources

Vous avez compris que les personnages ressources sont vraiment des clefs incroyables pour avancer. J'aime tellement ce concept que je l'utilise très souvent avec les adultes.

En effet, un personnage ressource, qu'il soit inventé, que ce soit un personnage fictif, que ce soit un héros de roman ou de film va accompagner pendant des années le client.

Prenez le temps de trouver ou de construire ce personnage. Il permettra de travailler sur plusieurs séances, il donnera une capacité supplémentaire.

1- Mettez en ce personnage des capacités
2- Mettez-y une capacité d'adaptation
3- Ancrez-le et expliquez qu'il évoluera avec le temps
4- N'hésitez pas à le mettre à droite ou à gauche selon la symbolique que vous souhaitez.
5- Créez un processus pour l'appeler. Que ce soit un mot, une phrase, un geste.

J'ai eu des enfants qui me décrivaient leur ressource comme un personnage existant dans des jeux vidéos, c'est parfait.

J'ai eu la chance de faire une séance à une adulte mais qui a tellement bien travaillé son personnage ressource que pour moi c'est un exemple.

Elle devait passer un concours pour un poste dans l'armée. Elle avait déjà échoué et c'était sa dernière chance. Comme c'était une épreuve physique de course d'obstacles et dans un temps limité, je lui avais proposé Bip Bip.

Je partais dans une métaphore ressource avec un personnage ressource qui mettait en scène un cartoon. L'idée était que le temps était le coyote, et que ce dernier n'arrête jamais de mettre des obstacles à Bip Bip.

Seulement, quoi qu'il arrive, l'autruche arrive toujours à dépasser le coyote et à se sortir de toutes les situations. L'ancrage de la ressource lui donnait assurance et bien être, en plus, un méga fou rire lui permettait de prendre l'épreuve avec plus de légèreté.

Elle a tellement travaillé avec cette image, qu'elle s'est acheté un porte clef Bip Bip.

Elle a réussi son examen et lors de l'obstacle qu'elle avait loupé plusieurs fois, cette fois en pensant à son personnage elle l'a dépassé et est passée sous le temps imparti.

Les personnages ressources sont extraordinaires et permettent de se trouver des références qui parfois peuvent manquer aux enfants. Ils leurs donnent courage et force. Faites ce cadeau aux enfants, même si la séance ne semble pas nécessitée cette technique, ils pourront réellement en faire des choses hors du commun.

11/ Les Régressions

Nous pouvons faire des régressions diverses avec les enfants. Il ne faut pas hésiter à leur proposer cela. Il nous faut simplement garder à l'esprit que nous ne parlons qu'en symbolisme avec les régressions. L'important est clairement de permettre à notre client de pouvoir exprimer des choses gardées en lui qui peuvent être troublantes.

J'ai eu une fois une petite de 4 ans à qui j'ai fait une régression au travers d'un jeu. Je lui ai demandé si elle se souvenait quand elle était bébé, sa réponse était affirmative. Je lui précisais bien que maintenant elle n'est plus du tout un bébé, que c'est une petite fille. Elle aimait réellement sentir qu'elle était une grande.

Après un certain moment je lui ai fait parler de sa période de bébé. Elle m'a expliqué des peurs avec des mots de petite fille mais sa mère me confirmait certains éléments et semblait très étonnée de ce que cette petite expliquait et ressentait.

Puis, je lui ai demandé si elle se souvenait d'avant et à ce moment-là elle a commencé à se dissocier. Elle expliquait que la petite fille dans le ventre elle ne voulait pas sortir et que, elle ne voulait pas qu'elle vienne.

Quand je lui demandais les raisons qui faisaient qu'elle ne souhaitait pas la voir venir : parce qu'elle allait déranger et ça allait créer de la colère.

Sa mère alors m'a expliqué que la petite était un 'accident', qu'elle a été déclenchée et que son père était parti au moment de l'accouchement à la suite d'une violente dispute. Ce qui étonnait la maman, c'est que la petite ne le 'savait' pas.

L'enfant nous a donc donné les causes de son malaise. A mes yeux la problématique étant assez complexe et la petite n'étant pas en âge pour faire une thérapie, hormis au travers de métaphores, j'ai simplement fait rencontrer la petite dans le ventre de la mère et celle qui était avec moi. Le reste a été le travail de la mère qui devait aider à une 'reprogrammation' au quotidien pour que la petite intègre qu'elle avait le droit de vivre, d'être aimée, qu'elle n'était pas la fautive d'une séparation et des violences.

Je ne vous conseille pas de faire des régressions à des enfants de moins de 7 ans, c'est à mes yeux assez complexe de gérer les feed back, parce qu'ils ne raisonnent pas et ne suivront pas toutes nos suggestions.

Pour les adolescents, c'est une excellente expérience et ils sont contents d'apprendre à davantage se connaître et de comprendre d'où peut éventuellement venir le souci.

1- Faites-lui fermer les yeux et demandez-lui de se souvenir du moment le plus ancien de sa vie, vous pouvez préciser que c'était quand il était vraiment petit. Mettez en avant qu'il a une mémoire extraordinaire.

2- Demandez-lui de penser à ce qui le gêne aujourd'hui (l'objectif de la séance), et de laisser ses souvenirs les plus lointains venir, comme un jeu, comme si c'était une grille de chaînes. Le souvenir qui conviendra tombera d'une chaîne.

3- J'aime le faire prendre une télécommande virtuelle et choisir le 'programme', la chaîne qui correspondra. Les enfants nous disent spontanément : 'Je me souviens', 'Je suis dans …' Faites confiance à ce qu'il va dire même si c'est purement inventé. C'est de la valeur symbolique.

4- Une fois que vous avez la situation, vous allez pouvoir travailler avec les différents outils que vous connaissez.

Les enfants ont beaucoup plus de facilité à faire les régressions que nombre d'adultes qui vont rationaliser. Eux vont simplement prendre les images et nous les donner. Ils offriront facilement ce qu'ils vivent et ressentent. Nous devons nous adapter à ce qui va être dit.

Attention vous allez parfois avoir des choses qui sont difficiles à entendre.

Nous 'acceptons' parfois des récits faits par des adultes parce que nous arrivons plus facilement à mettre des distances. Par contre quand un enfant va nous décrire un viol, ou une violence, vous devez réussir à rester le plus centré possible.

Notez que parfois ce ne sont que des interprétations de ce qu'ils ont vécu intérieurement. Nous savons que trop, que parfois des enfants font des déclarations 'fausses' dans les faits, mais dans les ressentis ils sont réels.

Dans ces cas là, conseillez toujours aux accompagnants d'aller consulter un psychologue ou un médecin pour traiter cela.

12/ L'entretien post séance

Nous avons un devoir de faire un retour aux parents. Nous sommes des professionnels et certaines choses ne doivent pas être dites si l'enfant vous le demande.

Il reste le client et nous devons respecter ses désirs. Jusqu'à maintenant je n'ai eu que peu de cas d'enfants qui voulaient que je garde un secret.

Je leur dis en début de séance, je leur explique que je ferai un résumé de la séance à l'accompagnant sauf s'ils ont des choses qu'ils souhaitent que je garde pour moi seulement.

Pour les adolescents par contre, j'explique à l'accompagnant que ce n'est pas à moi de parler de la séance et qu'il faut demander directement à l'intéressé.

Je vous rappelle que l'enregistrement est clairement préférable si vous le pouvez. Gardez pendant plusieurs mois vos bandes pour éviter tout problème potentiel.

Dans l'entretien avec l'accompagnant, nous devons recadrer le plus possible entre les attentes des parents et celles de l'enfant. Par exemple j'ai eu des parents qui venaient pour que leur enfant mincisse de 'x' kilos.

Durant l'anamnèse, le jeune client, lui, m'explique qu'il ne veut perdre que 'y' kilos. Dans mon retour, je donne les choix de l'enfant. Il est intéressant qu'un autre adulte puisse lui faire entendre ce que l'enfant lui dit mais qu'il n'est pas capable d'entendre de sa part, étant trop impliqué.

Dans le cas ou l'enfant vous expose des faits assez lourds comme des sévices et autres, il faut en informer l'accompagnant. Recadrez également le fait que c'est une interprétation, un feeling de l'enfant et qu'il peut avoir mélangé des éléments. Cependant, souvenons-nous que ce qui est construit dans notre tête et répété transforme rapidement les faits.

Nous le savons tous, une histoire que nous avons répétée des centaines de fois, que nous avons certainement modifiée au fur et à mesure, devient exactement notre souvenir.

Nous devons également travailler sur nous. Je vous propose une mise en situation. Un enfant vous dit que son père ou sa mère le bat régulièrement. L'accompagnant est l'un des deux...

Comment allez-vous réagir ? Il est possible que vous aimeriez lui flanquer une rouste. Seulement ce n'est pas votre travail.
C'est cela que nous devons prendre en compte dans le travail avec les enfants.
Ils sont sous la responsabilité d'un représentant et par conséquent nous sommes dans un rapport tripartite. Nous devons garder cela en tête à chaque instant.
Notre thérapie va toucher l'enfant mais nous avons un rôle à jouer vis-à-vis des accompagnants.

13/ Le Suivi

Je demande à tous les enfants que j'ai en séance de m'envoyer un mail, un SMS ou de me téléphoner pour me dire comment ils se sentent.

Nous savons par expérience que les parents ont de nombreuses choses à penser. De plus nous sommes dans la responsabilisation d'un futur citoyen du monde.

Il est intéressant d'avoir des retours, les changements étant rapides vous prendrez de plus en plus plaisir à travailler avec eux. J'ai eu la chance d'avoir de sublimes feed back et de voir grandir des enfants qui petit à petit gèrent leurs problèmes.

Pensez à leur remettre directement votre carte.

14/ Ouvertures

Nous expliquons souvent que les adultes sont de grands enfants. Il est vrai que selon nos écoles nous avons parfois pris une attitude bien plus solennelle avec les adultes.

De plus notre rôle d'accompagnant sous-entend un certain sérieux dans nos services. Il est vrai qu'il peut arriver qu'un client, avec l'air grave, attende un praticien qui garde également un air grave. Certains utilisateurs de la PNL mettront en avant la notion de Synchronisation pour un meilleur rapport.

Je ne suis pas vraiment de cet avis. En effet, j'estime que nous parlons à des enfants. Je considère que le subconscient a 5 ans, l'âge pendant lequel le facteur critique, très adulte, n'est pas présent.

Nous sommes des communicants du subconscient, par conséquent, notre 'client réel' est le subconscient de notre partenaire. Nous pouvons offrir une énergie et une dynamique complètement différentes même dans des situations qui au premier abord peuvent sembler lourdes.

Les adultes ont aussi besoin de jouer, de s'amuser, de lâcher un peu plus leur personne et de se laisser aller dans une découverte d'eux-mêmes.

Les autres adultes, que nous mettons parfois dans une toute autre catégorie, sont les personnes âgées. Et pourtant cette partie de la population ressemble de plus en plus à des enfants dans sa façon d'être.

L'hypnose pour les personnes âgées est extraordinaire. Quand pour certains, il leur est difficile de marcher et bouger librement, les métaphores ressources sont de formidables vecteurs d'apaisement et de joie.

Nous pouvons reprendre la plupart des techniques de cet ouvrage pour travailler sur leurs maux et leurs douleurs intérieures.

Il y a une croyance, assez commune dans le milieu de l'hypnose, qui fait que nous estimons qu'il est plus difficile de faire entrer une personne âgée en transe.

En effet, même Jerry Kein explique que le temps, la dureté de la vie, les réalités difficiles que les personnes d'un certain âge ont vécus peuvent limiter leur imagination et leur relâchement.

Je ne suis pas du tout d'accord avec cela, en ce cas une personne traumatisée dans son enfance et ayant vécu des sévices incroyables, comme des guerres et autres, ne pourraient pas entrer en transe.

Ce n'est pas du tout le cas, une fois que vous avez proposé une dissociation et qu'ils souhaitent travailler, cela va tout seul.

Encore mieux, vous savez que nos anciens ont toujours des tas d'histoire à raconter. Ils vivent dans des souvenirs et des métaphores du passé. C'est un outil parfait pour les faire entrer dans un état hypnotique.

En les focalisant sur eux mêmes, dans leur être profond, ils se reconnectent automatiquement à leurs émotions et nous pouvons dès lors faire une merveilleuse séance.

Pensez à toujours parler avec les enfants intérieurs des clients qui viennent vous voir. Tous les enfants ont besoin d'attention peu importe leur âge.

Conclusion

Si vous devez vous souvenir d'une chose, c'est d'être le plus simple possible. Beaucoup de praticiens se posent des tas de questions quand ils abordent le cas des enfants. Il y a de nombreux ouvrages qui donnent des idées limitées et limitantes concernant ce que ces petits Hommes sont capables de faire.

Seulement ces freins, que beaucoup se mettent, vont faire que vous risquez de perdre des séances hors du commun. Vous devez faire confiance à vos méthodes, à vos techniques. Les enfants aiment jouer et l'hypnose est une possibilité infinie de moments ludiques.

L'hypnose est très certainement un des plus beaux cadeaux que nous pouvons faire aux enfants. Nous avons un outil qui permet de les faire se connecter à leur subconscient.

Nous sommes dans l'éducation des êtres de demain, faire une séance et leur donner des ressources pour la suite de leur avenir c'est leur faire un cadeau extraordinaire.

N'auriez-vous pas aimé apprendre à gérer vos émotions avant vos examens, découvrir vos qualités d'apprentissage, comprendre plus vite.

Nous n'avions pas ces outils et nous les avons appris avec le temps, avec les lectures. Maintenant l'hypnose est à la portée de tous et derrière ce mot se cache le potentiel de l'humain, l'unité de son être, la compréhension de ses émotions comme un allié et non plus comme un bloquant.

Quand vous allez faire vos séances, faites vous plaisir, vibrez de faire découvrir ce dont l'homme de demain à besoin. Un lien direct entre sa logique et sa créativité, son mental et ses émotions.

Nous sommes dans un monde qui fera naître du bon et du moins bon, nous autres, praticiens, ne sommes pas des professeurs, ne sommes pas des éducateurs, nous sommes des opérateurs pour que ces enfants deviennent des êtres plus complets, plus vrais, plus Humains.

Connectez-vous à eux, faites leur confiance pour vous mener là où ils doivent aller. Ils sont nos enseignants et nos professeurs. Nous sommes une excellente équipe quand nous sortons de notre pensée d'adulte tout puissant.

Pensez que l'hypnose est un outil qui appartient à nos équipiers, et cette fois ce sont des enfants sans limite.
Prenez soin de vous. Prenez soin d'eux.

Pank

Le Chesnay
Mai 2013

Remerciements

A tous ces parents qui me font confiance en m'amenant leurs enfants.
A tous ces petits êtres en devenir qui passent faire un pas de plus dans leurs vies.
A tous mes professeurs et personnes que je rencontre dans le monde de la 'Thérapie'.
A mon groupe HnO qui travaille dur, qui avance et se développe.
Aux lecteurs qui me font des retours sur les outils que je propose.

Qui est HnO Hypnose ?

HnO Hypnose est une association de pratiquants et de praticiens en Hypnose à tendance Elmanienne, Hypnosophie, Hypnose Fusion et Thérapies Durables.

Notre but est de rechercher, développer, pratiquer et diffuser sur ces sujets. Pour ce faire, nous utilisons plusieurs leviers : des formations, des cabinets ouverts, de l'Hypnose Urbaine, des livres, des audios, des live Facebook, des Podcasts...

Nous organisons des formations en Hypnose Classique Curative, Hypnosophie et Psycho-Pratique Intégrative ainsi que des ateliers en thérapie durable.

L'Hypnosophie est une discipline de synthèse et intégrative. L'hypnose est un vaste monde avec des écoles, des styles et des tendances. Plus qu'un style, nous souhaitons intégrer, sur les bases communes de l'hypnose, une ouverture globale.

Nous organisons des cabinets ouverts, dans le but de faire découvrir l'aspect curatif au plus grand nombre.

Toutes les semaines nous organisons des sorties Hypnose Urbaine ou des Hypno-papotages. Nous y invitons des praticiens mais aussi des amateurs. Le but étant de faire connaître, dans un autre contexte que le soin, ce qu'est l'Hypnose. Cette expérience humaine est extraordinaire. Nous pouvons dissiper les à priori et faire vivre des expériences agréables aux passants. Vous pouvez trouver plus d'informations sur ce que nous mettons en place sur : www.hno-hypnose.com

Nous avons mis en place un site de Mp3 d'Hypnose pour faire vivre des micros séances. Vous trouverez des informations sur : www.hno-mp3-hypnose.com

Si vous souhaitez nous rencontrer, échanger, partager, n'hésitez pas à nous contacter :

Mail : hype.ose@gmail.com

YouTube / Twitter / Facebook : Hype-N-Ose

Aller plus loin avec HnO Hypnose

Site Hypnose Fusion :

J'ai fait un site qui regroupe désormais l'ensemble des thèmes que j'aborde régulièrement.

- Hypnose et Magnétisme
- Hypnose et rupture amoureuse
- Hypnose et Enfants
- Hypnosophie
- Crosstherapy
- Hypnose et Sexualité
- Hypnose et Sommeil
- Hypnose Urbaine
- Coaching et SmartBrain Process
- Hypnose et Grossesse
- Hypnose et Manipulation
- Hypnose et Arrêt du Tabac
- Hypnose et Anneau Gastrique Virtuel (Système BAGH)

N'hésitez pas à l'utiliser le plus possible, je vais le faire évoluer et répondrai à vos questions.
https://hypnosefusion.com/

Programme d'hypnose disponible gratuitement :

Programme pour se donner de la Bienveillance (21 Jours)
https://hypnosefusion.com/hypnose-et-bienveillance/

Programme Mincir et Prendre soin de soi (21 Jours)
https://hypnosefusion.com/systeme-bagh-programme-mincir-et-prendre-soin-de-soi-5min-jour-sur-21-jours/

Programme Arrêter de Fumer Gratuitement (21 Jours)
https://hypnosefusion.com/hypnose-et-arret-du-tabac/

Programme Anneau Gastrique Hypnotique Gratuit (21 Jours)
https://hypnosefusion.com/hypnose-et-anneau-gastrique-virtuel-systeme-bagh/

Programme Loi d'Attraction (21 Jours)
https://transeattraction.wordpress.com/

Programme Sommeil (7 Jours)
https://hypnosefusion.com/hypnose-et-sommeil/

Programme Hypnogrossesse (21 Jours)
https://hypnosefusion.com/hypnose-et-grossesse/

Programme Smartbrain Process (120 Jours)
https://hypnosefusion.com/coaching-et-smartbrain-process/

Boite à Outils :
Je vous ai mis en ligne une petite boite à outils sur le site
: https://hno-hypnose.com/boites-a-outils-et-partages/

www.ingramcontent.com/pod-product-compliance
Lightning Source LLC
Chambersburg PA
CBHW070224290526
45789CB00004B/1514